NHK出版
オリジナル楽譜シリーズ

連続テレビ小説
カムカム
エヴリバディ
-since 1925-

JN022898

アルデバラン

アルデバラン

森山直太朗　作詞
作曲

斎藤ネコ　編曲

アベタカヒロ　ピアノ編曲

4

6

アルデバラン

森山直太朗　作詞
作曲
斎藤ネコ　編曲
アベタカヒロ　ピアノ編曲

アルデバラン

森山直太朗　作詞
作曲
斎藤ネコ　編曲
アベタカヒロ　合唱・ピアノ編曲

※歌いやすさを考慮し、原曲とは異なる調に編曲しています。

17

21

アルデバラン

作詞・作曲　森山直太朗
編曲　斎藤ネコ

君と私は仲良くなれるかな
この世界が終わるその前に

きっといつか儚く枯れる花
今、私の出来うる全てを

笑って笑って　愛しい人
不穏な未来に　手を叩いて
君と君の大切な人が幸せであるそのために
祈りながら sing a song

見上げてごらん煌めくアルデバラン
溢れてくる涙の理由を

またこうして笑って会えるから
ただ魂の赴く方へ

紡いで紡いだ　心の糸
ペテンな時代に　負けないように
もしも君が不確かな明日に心震わせているのなら
私だってそうよ friend

会えない時の静寂が
永遠にも思える夜
その孤独に互いの愛を知るの
だから

笑って笑って　愛しい人
不穏な未来に　手を叩いて
君と君の大切な人が幸せであるそのために
祈りながら sing a song
祈りながら sing a song

アルデバラン

森山直太朗　作詞
作曲
斎藤ネコ　編曲
アベタカヒロ　採譜

25

森山直太朗さんのメッセージ

牡牛座の恒星の一つであるアルデバラン。アラビア語で「後に続くもの」という意味。AIさんの力強く包み込むような歌声で同時代を生きる人々の背中を後押しするようなイメージで作りました。

この曲が主題歌となった朝ドラのテーマ（百年の母と娘の物語を三世代にわたって描く）とも重なるように、歌の中にある想いが次世代にも繋がれていくことを願っています。

✤ 演奏アドバイス　　　　　　アベタカヒロ

✤ ボーカル & ピアノ ✤

サビのメロディーをかたどったイントロで曲が始まります。思いを込めて、一つ一つの音を丁寧に紡いでいきましょう。3小節の右手の和音は、あくまでもトップノートを立たせて。歌はシンコペーションを伴った16分音符や、ときには装飾的な32分音符が置かれて一見すると難しくみえがちですが、自分なりのかっこいい歌い回しが発揮されれば良いと思います。ただしテンポはしっかりとキープし続けてください。

✤ ピアノ・ソロ ✤

1人でメロディーと伴奏を弾き分けます。右手では、例えば4小節や8小節の1拍目や11〜12小節間のG#、C#のオクターブなどは歌のメロディーではありませんので、前者では少し控えめに、後者ではサビへの繋がりを意識してやや前に出したりと、歌との表情の区別を工夫してみましょう。エンディングはAIさんの歌うファンキーなアドリブやバックコーラスとの掛け合いが入り乱れる華やかな部分です。堂々と豪快に弾きましょう。

✤ 混声三部合唱 ✤

「ボーカル & ピアノ」版とは違って装飾的なフレーズでもみんなとタイミングをそろえる必要がありますが、力をそっと抜くようにして自然な表現ができると良いでしょう。28小節〜ではソプラノはオブリガートを歌いますので主旋律との音量バランスを工夫したくなる所ですが、1番でメロディー全体をしっかり把握できますのでそこまで神経質にならず、合唱として立体的な響きを意欲的に作ってみてほしいです。 F では言葉をしっかり立てて緊張感を、エンディングでは少しくだけてファンキーに！

■作詞・作曲　**森山直太朗**（もりやま・なおたろう）

1976年東京都生まれ。02年10月にミニ・アルバム『乾いた唄は魚の餌にちょうどいい』でメジャーデビュー以来、独自の世界観を持つ楽曲と唯一無二の歌声が幅広い世代から支持を受け、コンスタントにリリースとライブ活動を展開し続けている。20年4月〜NHK連続テレビ小説『エール』には俳優として出演。21年3月には「さくら（二〇二〇合唱）／最悪な春」を両A面で、自身約5年半振りのシングルCDとしてリリースした。また9月29日には「遠くへ行きたい」を配信開始した。
公式サイト　https://naotaro.com/

■うた　**AI**（あい）

1981年生まれ、アメリカ合衆国ロサンゼルス市出身。幼少期は鹿児島県で育つ。ゴスペル・クワイアで鍛えた本格的な歌唱力と、L.A名門アートスクールで学んだダンス・センス、完璧な英語、バイリンガルでラップもこなせるストリート感覚を持つ。国境を越えたレジェンド・アーティストとのコラボレーションも多数。3度のNHK紅白歌合戦出場、第59回日本レコード大賞・優秀作品賞の受賞を果たす。
公式サイト　https://aimusic.tv/

■ピアノ・合唱編曲　**アベタカヒロ**

東京藝術大学音楽学部作曲科卒業。第20回かぶらの里童謡祭作曲公募で最優秀賞を受賞。合唱と童謡を主軸に幅広く活動している。主な作品に、「混声（女声）合唱のための 最愛」、「友達の友達」（混合二部合唱）、「晴れた日に」（同声三部合唱）、編曲作品に、森山直太朗「さくら（二〇二〇合唱）」、「花の名前」など。独自の手法による小学校での作曲体験は毎回好評を得ている。一般社団法人日本童謡協会理事。

■関連番組のご案内 ………………………………………
※「アルデバラン」は収録されていません。

連続テレビ小説
「カムカムエヴリバディ」
オリジナル・サウンドトラック
劇伴コレクション Vol.1

音楽／金子隆博
ソニー・ミュージックレーベルズ
12月8日発売
SICX-30130
定価¥3,300（税抜価格¥3,000）

NOW
PRINTING

連続テレビ小説
「カムカムエヴリバディ」
オリジナル・サウンドトラック
ジャズ・コレクション

音楽／金子隆博
ソニー・ミュージックレーベルズ
12月8日発売
SICX-30131〜2（CD2枚組）
定価¥3,300（税抜価格¥3,000）

[**表紙ビジュアル**（番組ポスターより）]
◆上白石萌音（安子 役）、深津絵里（るい 役）、川栄李奈（ひなた 役）
◆アートディレクション：服部一成
◆写真：新津保建秀

■デザイン：(株) オーク
■楽譜浄書：(株) クラフトーン
■画像素材（P23）：kurobuta/PIXTA
■協力：NHK ／ NHK エンタープライズ／ SETSUNA INTERNATIONAL ／ザ・マイカホリックス／ユニバーサル ミュージック

NHK出版オリジナル楽譜シリーズ

連続テレビ小説 カムカムエヴリバディ
アルデバラン

2021年11月20日　第1刷発行

作詞・作曲　森山直太朗
発 行 者　土井成紀
発 行 所　NHK出版
　　　　　〒150-8081　東京都渋谷区宇田川町41-1
　　　　　電話　0570-009-321（問い合わせ）　0570-000-321（注文）
　　　　　ホームページ　https://www.nhk-book.co.jp
　　　　　振替　00110-1-49701
印　　刷　近代美術
製　　本　藤田製本

LOVE THE ORIGINAL
楽譜のコピーはやめましょう